Wildfrüchtebüchlein

Wildfrüchte

BÜCHLEIN

von
Christoph Needon

Verlag für die Frau
Leipzig

Das Foto Seite 2 zeigt die Früchte des Speierlings,
»Baum des Jahres 1993«.

ISBN 3-7304-0347-8

Fotos: Christoph Needon,
Dr. Hellmut Räuber (S. 50),
Dr. Roland Schuster (S. 2/82),
Brigitte Weibrecht (S. 96/97, 108)
Typografie und Einband: Lore Jacobi
Satz: H & P Fotosatz GmbH,
Bielefeld · Kirchlengern · Leipzig
Reproduktion und Druck:
Sebald Sachsendruck, Druck und Verlag GmbH
Buchbinderische Verarbeitung: Leipziger Verlags-
und Druckereigesellschaft mbH
Printed in Germany

Inhalt

Auf »Schatzsuche« in der Natur **6**

Das Sammeln und Verarbeiten der Wildfrüchte **8**

Wildfrüchte von A bis Z **13**

Leckeres aus Wildfrüchten **98**

Rezeptverzeichnis **123**

Verzeichnis der Wildfruchtarten **125**

Auf »Schatzsuche« in der Natur

Alljährlich bringt die Natur eine Fülle von wohlschmeckenden und wertvollen Wildfrüchten hervor, die mit gutem Recht einen Platz auf unserer Speisekarte beanspruchen dürfen. Schon die Jäger und Sammler der Steinzeit suchten in den Wäldern eßbare Früchte. Durch Lagerung und Trocknen legte man Vorräte für den Winter an. Das »Beerensammeln« im Walde blieb jahrtausendelang beliebt, auch als man bereits schmackhafte und größere Kulturfrüchte durch ständige Auslese der Wildarten und Kreuzung mit Arten anderer Erdteile erzielt hatte. Besonders in Notzeiten nutzte die Bevölkerung jede nur irgendwie eßbare Wildfrucht aus Wald und Flur.

Heute überläßt man bei uns das Wildobst meist den Vögeln und anderen Waldtieren.

Wir sollten uns wieder mehr auf diese natürlichen Schätze besinnen, deren gesundheitlicher Wert unbestritten ist. Viele Wildfrüchte sind besonders vitamin-, mineralstoff- und aromareich und können es mit dem Wohlgeschmack unseres kultivierten »Edelobstes« durchaus aufnehmen. Auch ist das Wildobst »Bioobst« im besten Sinne des Wortes und nicht wie das meiste Kulturobst mit Pestiziden behaftet. Aber sammeln wir die Früchte des Waldes nicht gerade neben einer Autostraße.

Das Büchlein will nicht nur zum Sammeln von Wildfrüchten anregen, es gibt mit Rezepten auch Hinweise zu ihrer Verwertung und damit zur Erweiterung des Speisezettels.

Das Sammeln und Verarbeiten der Wildfrüchte

Alle Wildfrüchte sollten in der Regel vollreif geerntet werden, sie reifen auf dem Lager nicht nach. Einige Arten sind sogar erst nach dem ersten Frost genießbar, wie Mispel, Moosbeere oder Elsbeere.

Die »nußartigen« Früchte lassen sich länger aufbewahren, wie die Maronen der Edelkastanie, die Buckeckern der Rotbuche, die Haselnüsse, die Walnüsse oder die Eicheln der Trauben- und Stieleiche. Sie müssen allerdings trocken und kühl gelagert werden.

Die meisten Wildfrüchte sind aber fleischig (Beeren, Steinfrüchte etc.) und halten sich nicht sehr lange nach der Ernte. Am längsten ist dies bei Wildäpfeln und Japanischen Scheinquitten der Fall. Letztere kann man einige Zeit auch im warmen Zimmer aufheben, wo sie einen angenehmen »Parfümduft« verbreiten. Sonst müssen wir das Obst möglichst bald nach der Ernte verbrauchen.

In letzter Zeit wird vor dem Sammeln am Boden wachsender Waldfrüchte gewarnt, da sie mit den Eiern des Fuchsbandwurmes *(Echinococcus multiocularis)* kontaminiert sein können. Der Fuchsbandwurm ist ein 4 mm langer Bandwurm im Dünndarm des Fuchses, dessen Glieder oder Eier über Ausscheidungen in den Wald gelangen. Wenn der Mensch als Zwischenwirt diese Eier aufnimmt, entsteht eine Larve, die über die Blutbahn in die Leber, Lunge, Milz, Niere oder sogar das Gehirn gelangen kann. So kommt es zu einer schweren Erkrankung, die oft tödlich endet. Eine Behandlung durch den Arzt ist sehr langwierig und nicht immer erfolgreich. Deshalb sollte man in Gegenden, in denen der Fuchsbandwurm vorkommt, das am Boden gesammelte Wildobst gut waschen und mindestens 5 Minuten kochen. Dadurch werden die Bandwurmeier oder Bandwurmglieder abgetötet.

Früchte, die an höheren Sträuchern oder Bäumen hängen, kann man natürlich ohne Bedenken auch roh verzehren und zum Trocknen benutzen. *Getrocknet* werden Wildfrüchte vor allem im Freien ca. 5–7 Tage bei 25 bis 30 °C im Schatten und anschließend noch kurzzeitig in der Backröhre bei 60 °C. Vom Wildobst werden Elsbeeren, Heidelbeeren, Hopfen, Schwarzdornfrüchte, Hagebutten, Ebereschenfrüchte und Mehlbeeren zum Trocknen ausgebreitet.

Einige Früchte macht man auch durch

Kandieren, das Eintauchen in aufgekochte, konzentrierte klare Zuckerlösung und anschließendes Trocknen bei 30 bis 50 °C, haltbar, wie z. B. Kornelkirsche, Krannbeere und Vogelbeere (Eberesche).

Wildbeeren lassen sich sehr gut *tiefgefrieren* und behalten so ihr volles Aroma.

Lange hält sich das Wildobst durch *Alkoholisieren,* das Einlegen in hochprozentigen (30 bis 40%igen) Alkohol, in dem die Früchte mindestens 4 bis 6 Wochen liegen müssen, ehe man sie verzehren sollte. Weniger gebräuchlich ist das *Einsäuern* in 5%iger Essig-, Wein- oder Zitronensäure (Vogelkirschen).

Für die Verarbeitung von Wildfrüchten sind am Schluß des Büchleins zahlreiche Rezeptvorschläge enthalten.

Apfel, Wild-, Holzapfel

Malus sylvestris

Familie: Rosengewächse, Rosaceae
Verbreitung: Zerstreut in Auwäldern, feuchten Laubwäldern und lichten Laubmischwäldern
Beschreibung: Der bis 10 m hohe Baum mit dornspitzigen Zweigen bildet am Rand schwach gesägte Blätter. Die im Mai zu 3 bis 6 an den Enden von Kurztrieben in Doldentrauben stehenden Blüten sind weiß, außen manchmal etwas rötlich. Die kleinen, kugeligen bis eiförmigen, meist grünlich-gelben sauer schmeckenden Kernfrüchte reifen ab September.
Verwendung: Wildäpfel wurden schon in der Steinzeit gesammelt und gegessen, heute haben sie wenig Bedeutung. Sie dienen gelegentlich zur Essiggewinnung.

Berberitze, Sauerdorn

Berberis vulgaris

Familie: Berberitzengewächse, Berberidaceae

Verbreitung: Zerstreut in lichten Wäldern, Gebüschen und an Waldrändern auf warmen Standorten

Beschreibung: Der bis 3 m hohe Strauch mit bedornten Zweigen bildet Ende Mai in einer vielblütigen, hängenden Traube gelbe Blüten. Die hellroten Beerenfrüchte reifen im August bis September und bleiben bis zum Winter am Strauch. Wurzel und Rinde sind giftig.

Verwendung: Die Beeren schmecken in Zucker eingemacht erfrischend. Sie werden auch zu Marmelade, Konfitüre und Saft verarbeitet, häufig zusammen mit anderen Früchten. Sie wirken leicht abführend.

Birne, Wild-, Holzbirne

Pyrus pyraster

Familie: Rosengewächse, Rosaceae
Verbreitung: Zerstreut in Auwäldern, warmen Eichen-Hainbuchenwäldern
Beschreibung: Der bis 20 m hohe Baum mit pyramidenförmiger Krone hat dornspitzige Zweige und rundliche, ledrig-derbe Blätter. Die Ende April bis Anfang Mai erscheinenden weißen Blüten mit roten Staubbeuteln stehen zu 2 bis 6 in Doldentrauben. Im August bis September reifen die länglich-kugelförmigen (birnenförmigen) Früchte. Sie fallen bei der Reife schnell ab.
Verwendung: Wegen des herben Fruchtfleisches roh wenig genutzt. Man kann sie aber wie Kulturbirnen zu Kompott und Saft verarbeiten.

Brombeere, Hecken-, Bastardbrombeere

Rubus fruticosus

Familie: Rosengewächse, Rosaceae
Verbreitung: Häufig auf Waldlichtungen, in Heidegebieten und Hecken
Beschreibung: An den langen, bestachelten Trieben sitzen 3- bis 5zählig gefingerte Blätter. Die weißen Blüten erscheinen in lockeren Trugdolden von Juni bis August. Ab September entwickeln sich violettschwarze Sammelsteinfrüchte.
Verwendung: Die Früchte werden sowohl roh gegessen als auch zu Kompott, Marmelade, Gelee, Saft oder Wein verarbeitet. Sehr lecker auch als Likör. Der Brombeersaft diente früher zur Geschmacksverbesserung von Arzneien. Brombeerblätter ergeben Tee.

Buche, Rot-

Fagus sylvatica

Familie: Buchengewächse, Fagaceae
Verbreitung: Waldbaum bis ins höhere Bergland, auch Einzelbaum auf Wiesen und Weiden
Beschreibung: Der 30 bis 50 m hohe Baum besitzt eine glatte, silbergraue Rinde. Im April bis Mai erscheinen die männlichen Blüten in grünbraunen, hängenden Büscheln, die weiblichen zu zweit in einem stacheligen Fruchtbecher. Die rotbraunen, dreikantigen Nüßchen (Bucheckern) reifen ab September im Fruchtbecher.
Verwendung: Buckeckern dienen zur Speiseölbereitung, in Notzeiten auch zum Rohgenuß oder getrocknet als Mehl. Man sollte von ihnen wegen des Oxalsäuregehaltes nicht mehr als eine Hand voll essen.

Eiche, Stiel-

Quercus robur

Familie: Buchengewächse, Fagaceae
Verbreitung: Häufig in Auwäldern und im Mittelgebirge, die ähnliche Traubeneiche *(Q. petraea)* meist an sonnigen, warmigen Standorten
Beschreibung: An den 40 (50) m hohen Bäumen mit starker Borke erscheinen im April/Mai männliche Blüten in hängenden Kätzchen, die weiblichen in unscheinbaren Köpfchen stehen zu mehreren zusammen. Die sehr bitteren Früchte reifen in Fruchtbechern im September. Sie sind bis zu 4 cm lang gestielt (Stieleiche) oder traubig angeordnet ohne Stiel (Traubeneiche).
Verwendung: Die Eicheln dienten früher zur Schweinemast, für Kaffeesurrogat und zur Mehlbereitung.

Elsbeere

Sorbus torminalis

Familie: Rosengewächse, Rosaceae
Verbreitung: Selten in Laubmischwäldern an sonnigen Hängen, meist auf Kalk im Süden
Beschreibung: Die Blätter des bis 25 m hohen Baumes färben sich im Herbst auffallend rot. Ende Mai entwickeln sich die weißen Blüten in Doldenrispen. Die kleinen, birnenähnlichen braunen Früchte reifen im September und bleiben bis zum Frost am Baum.
Verwendung: Die Früchte sind roh erst nach Frosteinwirkung im teigigen Zustand genießbar und schmecken dann säuerlich. Man bereitet auch Saft und Marmelade aus ihnen. Die getrockneten Früchte dienten früher gegen ruhrartige Erkrankungen.

Erdbeere, Wald-

Fragaria vesca

Familie: Rosengewächse, Rosaceae
Verbreitung: Häufig an lichten Stellen oder Rändern von Laub- und Nadelwäldern, in Hecken, auf Geröllhalden im Gebirge bis zur Waldgrenze
Beschreibung: Die bis 20 cm hohe Rosettenstaude bildet wurzelnde Ausläufer. Im Mai bis Juni bilden sich weiße Blüten in armblütigen Trugdolden. Aus dem Blütenboden entwickelt sich eine saftige, aromatische Sammelfrucht mit vielen kleinen Nußfrüchten.
Verwendung: Roh oder gekocht zu Kompott, Marmelade, Saft und Wein, auch sehr gut für Likör, Bowlen und Kuchen.

Hasel

Coryllus avellana

Familie: Haselgewächse, Corylaceae
Verbreitung: Häufig an Waldrändern in Gebüschen und in Laubwäldern warmer Standorte
Beschreibung: An dem 2 bis 6 m hohen Strauch erscheinen vor Blattaustrieb im Februar/März gelblich-braune männliche Kätzchen und wie eine Laubknospe aussehende weibliche Blüten, aus denen eine lange rote Narbe herausragt. Die einsamige Nußfrucht löst sich aus einer Hülle bei der Reife ab Ende August.
Verwendung: Beliebte Zutat zu Obstsalaten; auch für die Schokoladenherstellung, Kuchen oder Pudding. Die Nüsse enthalten ein Speiseöl.

Heidelbeere, Blaubeere

Vaccinium myrtillus

Familie: Heidekrautgewächse, Ericaceae

Verbreitung: Häufig auf sauren Böden in Kiefern- und Birkenwäldern, in Heidegebieten und Mooren, auch im höheren Gebirge

Beschreibung: Der bis 50 cm hohe, sommergrüne Kleinstrauch kann sehr alt werden Die grünlich-rötlichen Blüten erscheinen ab April/Mai in den Blattachseln. Im Juli/August reifen blauschwarze, kugelige Beeren.

Verwendung: Die Beeren sind besonders reich an Gerbstoff und Vitamin C. Sie wirken roh gegen Durchfall. Frisch oder gekocht ergeben sie aromatische Kompotte und Kaltschalen. Auch Konfitüre oder Sirup, Wein und Branntwein daraus sind beliebt.

Himbeere, Wald-

Rubus idaeus

Familie: Rosengewächse, Rosaceae
Verbreitung: Häufig auf Kahlschlägen und Lichtungen von Laub- und Nadelwäldern, in Gebüschen und Hainen
Beschreibung: An der sommergrünen, 1 bis 2 m hohen Staude mit stachligen Trieben erscheinen im Mai bis Juni die in einem traubig-rispigen Blütenstand angeordneten weißen Blüten. Im Juli reifen die roten, selten gelblichen Sammelsteinfrüchte, die sich leicht vom Fruchtträger lösen.
Verwendung: Die süß-aromatischen Früchte dienen frisch und gekocht als Kompott, für Getränke, Bowlen und Punsch. Aus ihnen werden Sirup, Saft, Marmelade, Gelee oder Likör bereitet.

Holunder, Schwarzer

Sambucus nigra

Familie: Geißblattgewächse, Caprifoliaceae

Verbreitung: Häufig in lichten Laubwäldern, auf Schutt und Ödland

Beschreibung: Der Strauch oder selten 6 bis 10 m hohe Baum hat ein schwammiges, weißes Mark. Im Juni erscheinen in aufrechten, endständigen Trugdolden die weißen bis gelblichweißen Blüten. Ab Ende August reifen die violettschwarzen Beeren in einem überhängenden Fruchtstand.

Verwendung: Die leicht abführend wirkenden Früchte werden als Kompott gekocht sowie zu Mus, Saft, Suppe, Konfitüre, Gelee und Sirup verarbeitet. Die Samen roher Beeren sind giftig (Sambunigrin), deshalb Saft gut aufkochen.

Holunder, Trauben-

Sambucus racemosus

Familie: Geißblattgewächse, Caprifoliaceae

Verbreitung: In Laub- und Nadelwäldern sowie Hecken bis zur Waldgrenze im Gebirge

Beschreibung: An dem 4 m hohen Strauch mit braunem Mark in den Zweigen erscheinen schon im April vor der Entfaltung der Blätter die gelbgrünen, ei- bis kegelförmigen Blütenrispen. Im Juli bis August reifen die leuchtend roten, kugeligen Beeren in Trugdolden.

Verwendung: Obwohl der Samen leicht giftig ist und abführend wirkt, kann man aus den Beeren Saft und Mus bereiten. Rohsaft gut aufkochen!

Hopfen

Humulus lupulus

Familie: Hanfgewächse, Cannabaceae

Verbreitung: Häufig in Hecken, an Flußufern, Waldrändern und Zäunen

Beschreibung: An dem Schlinggewächs mit 3 bis 6 m langen, einjährigen Trieben erscheinen im Juli die männlichen Blüten der zweihäusigen Pflanze in rispenartigen Trugdolden, die weiblichen in dichten Scheinähren, aus denen sich eiförmige Fruchtstände mit Harzdrüsen an den Fruchtschuppen entwickeln.

Verwendung: Die Fruchtstände werden bei 40 bis 50 °C getrocknet, wobei sich das gelbe, klebrige Hopfenmehl löst. Hopfen dient als Bierzusatz sowie auch als Tee, Sprossen (junge Triebe) ißt man als Salat.

Johannisbeere, Alpen-

Ribes alpinum

Familie: Stachelbeergewächse, Grossulariaceae

Verbreitung: Zerstreut an steinigen Abhängen, auf Blockfluren, in lichten Wäldern im Bergland, meist auf Kalkboden

Beschreibung: An dem bis 1,50 m hohen Strauch bilden sich im April bis Mai kleine, grünlichgelbe, in aufrechten Trauben angeordnete Blüten. Die männlichen Blütenstände sind 10- bis 20blütig, die weiblichen 2- bis 5blütig. Die schleimigen, roten Beeren reifen ab Juni.

Verwendung: Die Beeren schmecken roh fade-süßlich. Man kann aus ihnen aber Kompott und Marmelade bereiten.

Johannisbeere, Rote

Ribes rubrum

Familie: Stachelbeergewächse, Grossulariaceae

Verbreitung: Vor allem im Norden zerstreut in feuchten, edellaubholzreichen Wäldern und in Gebüschen. Seit dem Mittelalter in Kultur.

Beschreibung: An dem aufrechten, 1 bis 2 m hohen Strauch erscheinen im April bis Mai die gelblich-grünen Blüten in lockeren, meist hängenden Trauben zu 10 bis 20. Ab Ende Juni reifen die runden, roten Beeren.

Verwendung: Aus den Beeren stellt man Kompott, Marmelade, Gelee und Wein her. Der Saft dient als kühlendes und durstlöschendes Getränk und ist geeignet auch für eine rote Soße oder Grütze.

Johannisbeere, Schwarze

Ribes nigrum

Familie: Stachelbeergewächse, Grossulariaceae

Verbreitung: Zerstreut in Auwäldern, trockenen Erlenbrüchen, Flachmooren, seit langem in Kultur

Beschreibung: Der 1,50 m bis 2 m hohe Strauch besitzt Drüsen, die einen strengen Geruch verbreiten. Im April bis Mai erscheinen die weiß-rötlichen Blüten zu 5 bis 10 in Trauben. Ab Ende Juni reifen die kugeligen, schwarzen Beeren.

Verwendung: Rohgenuß ist wegen des strengen Geruchs der vitamin-C-reichen Beeren nicht jedermanns Sache, doch der Geruch verschwindet beim Kochen. Man benutzt die Früchte für Kompott, Marmelade, Gelee, Saft, Wein und Likör.

Kastanie, Edel-, Eßkastanie

Castanea sativa

Familie: Buchengewächse, Fagaceae
Verbreitung: In Laub- und Mischwäldern, meist in Südwestdeutschland an warmen Standorten (Weinbaulagen)
Beschreibung: Der 10 bis 30 m hohe Baum trägt ledrig-derbe Blätter. Die 10 cm langen männlichen Blütenähren und die unscheinbaren, grünlichweißen weiblichen Blüten an den Zweigenden erscheinen Anfang Juni. Ende Oktober reifen die 2 bis 3 in einem sich öffnenden, weichstacheligen Becher sitzenden braunen Früchte (Maronen).
Verwendung: Die herb schmeckenden Maronen werden geröstet, gekocht, gedämpft, zu Mehl gemahlen oder dienen als Kaffeesurrogat.

Kirsche, Vogel-, Süßkirsche

Cerasus avium

Familie: Rosengewächse, Rosaceae
Verbreitung: Zerstreut auf warmen Hängen, in lichten Laubwäldern, im Süden in subalpinen Nadelwäldern, auch als Obstbaum kultiviert
Beschreibung: Die Rinde der bis 25 m hohen Bäume löst sich im Alter in Streifen quer zum Stamm ab. Ende April bis Anfang Mai erscheinen die weißen, in doldigen Bündeln auf Kurztrieben stehenden Blüten. Ab Juli reifen recht ungleichmäßig die roten bis dunkelbraunroten Steinfrüchte.
Verwendung: Aus den Früchten wird Kirschwasser hergestellt, sie können auch mit viel Zucker zu Saft verarbeitet werden. Kompott aus Wildkirschen ist wegen des sehr herben Geschmacks nicht jedermanns Sache.

Kornelkirsche

Cornus mas

Familie: Hartriegelgewächse, Cornaceae

Verbreitung: Zerstreut in warmen, lichten, trockenen Laubmischwäldern, an Hängen und Felsen, besonders auf Kalkboden. Zierstrauch

Beschreibung: An dem 2 bis 5 m hohen Strauch oder kleinen, bis 8 m hohen Baum entfalten sich die goldgelben Blüten vor dem Laubausbruch Ende Februar bis März. Sie stehen in kugeligen Trugdolden. Die rote, hängende, länglich-elliptische Steinfrucht mit süßsäuerlichem Geschmack reift im September und fällt schnell ab.

Verwendung: Die bei Vollreife geernteten Früchte werden zu Kompott, Marmelade, Sirup und Saft sowie Essig verarbeitet und auch kandiert.

Krähenbeere

Empetrum nigrum

Familie: Krähenbeerengewächse, Empetraceae

Verbreitung: Häufig in Dünen, Heiden, Mooren, im Gebirge zerstreut in Nadelwäldern bis zur subalpinen Stufe

Beschreibung: An dem reich verzweigten, niederliegenden, 10 bis 45 cm hohen immergrünen Zwergstrauch erscheinen die sehr kleinen, meist purpurroten Blüten von April bis Juni gehäuft in den Blattachseln. Ab August (im Flachland) bis Oktober (im Gebirge) reifen die erbsengroßen, schwarzglänzenden Beeren.

Verwendung: Die Früchte verarbeitet man zu Kompott, Marmelade, Gelee, Saft und Wein. Sie schmecken ziemlich bitter und sollten nur in kleinen Mengen gegessen werden.

Krannbeere, Großfrüchtige Moosbeere

Oxycoccus macrocarpos

Familie: Heidekrautgewächse, Ericaceae

Verbreitung: Selten in Hochmooren der Mittelgebirge und des norddeutschen Flachlandes, auch in Kultur

Beschreibung: Der Kleinstrauch hat größere Blätter als die Moosbeere. Die Blüten erscheinen im Mai/Juni, sind weißlich mit rosa Rändern und stehen auf kurzem, aufrechtem, später sich neigendem Stiel. Die oft gefleckten rotweißlichen, bis 2,5 cm langen Beeren reifen ab Ende September.

Verwendung: Die wie Preiselbeeren schmeckenden Früchte eignen sich als Kompott (gekocht), für Marmelade, Konfitüre, Gelee, als Kuchenbelag, Pastetenfüllung und kandiert.

Kratzbeere, Bereifte Brombeere

Rubus caesius

Familie: Rosengewächse, Rosaceae
Verbreitung: Häufig auf feuchten Stellen an Waldrändern, Gebüschen, Weg- und Wiesenrändern
Beschreibung: Die bedornten Stengel liegen auf der Erde oder klettern an Gehölzen empor. Im Mai bis Juni bilden sich am Stengelende weiße Blüten in fast ebensträußigem Blütenstand. Die ab August reifenden Sammelfrüchte ähneln der Himbeere, sind aber bläulichschwarz.
Verwendung: Die saftigen, säuerlich-fade schmeckenden Beeren werden wie die Heckenbrombeere zu Kompott, Marmelade, Gelee, Saft, Wein und Likör verwendet. Der Saft dient als Farbstoff.

Mahonie

Mahonia aquifolium

Familie: Berberitzengewächse, Berberidaceae
Verbreitung: Häufig als Zierstrauch angepflanzt, aber auch in trockenen Kiefernwäldern wild wachsend
Beschreibung: Der immergrüne, 50 bis 150 cm hohe Strauch hat ledrige, gezähnte Blätter. Die gelben Blüten mit einem intensiven süßlichen Duft erscheinen im April bis Mai in rispenartigen Trauben. Ab Juli reifen die lange am Strauch bleibenden blauschwarzen, bereiften, kugeligen Beeren.
Verwendung: Der dunkelpurpurne Saft der Beeren eignet sich gut als Zitronenersatz sowie für die Most-, Wein- und Likörbereitung sowie in kleinen Mengen zu Kompott, Marmelade und Gelee anderer Obstarten.

Maulbeere, Weiße

Morus alba

Familie: Maulbeergewächse, Moraceae

Verbreitung: In Mitteleuropa in sommerwarmen Gebieten aus dem Anbau verwildert

Beschreibung: Die männlichen länglich-walzlichen und weiblichen eiförmigen, kurz gestielten Blütenstände erscheinen im Mai. Ende Juni reifen ungleichmäßig weiße bis rötliche Scheinbeeren. Die Schwarze Maulbeere *(M. nigra)* mit auffallend dunkelgrünen Blättern hat größere, glänzend schwarze Früchte.

Verwendung: Die Weiße Maulbeere ist nicht sehr schmackhaft, die wohlschmeckende Schwarze Maulbeere wird zu Kompott, Marmelade, Saft, Likör und Wein verarbeitet.

Mehlbeere, Echte

Sorbus aria

Familie: Rosengewächse, Rosaceae
Verbreitung: Vor allem im Süden zerstreut in lichten Laubmischwäldern auf Kalkboden bis ins Gebirge, als Straßenbaum angepflanzt
Beschreibung: Der Strauch oder bis 15 m hohe Baum hat am Rand meist schwach gesägte, unterseits weißfilzige Blätter. Die weißen Blüten erscheinen im Mai in rispigen Dolden. Die mehligen, kugeligen, orangeroten, oft hellbraun punktierten Früchte reifen ab September.
Verwendung: Das fade schmeckende Fruchtfleisch wird zur Bereitung von Mus, Essig oder Branntwein oder getrocknet verwendet. Früher buk man aus den Beeren zusammen mit Mehl ein süßliches Brot.

Mehlbeere, Schwedische

Sorbus intermedia

Familie: Rosengewächse, Rosaceae
Verbreitung: Zerstreut bis selten in Laubwäldern an der Küste, häufig als Straßenbaum gepflanzt
Beschreibung: Der bis 15 m hohe Baum hat ähnliche Knospen und Zweige wie die Echte Mehlbeere. Die Blätter sind am Rand unregelmäßig gesägt, unterseits graufilzig, oberseits glänzend grün. Die weißen Blüten erscheinen im Mai bis Juni in Doldenrispen. Die ab September reifende, orangerote, oft punktierte, kugelige bis längliche Frucht hat gelbes Fruchtfleisch.
Verwendung: Die Früchte werden zu Mus, Branntwein, Essig und als Dörrobst verarbeitet.

Mehlbeere, Zwerg-

Sorbus chamaemespilus

Familie: Rosengewächse, Rosaceae
Verbreitung: In den Alpen und anderen Gebirgen Südeuropas zerstreut in lichten Bergwäldern, auf Felsen, an Weiden bis über 2000 m Höhe, auf Kalkboden
Beschreibung: An dem bis 2 m hohen Strauch mit derben, lederartigen, gesägten Blättern bilden sich im Juni bis Juli in trugdoldigen Rispen die rötlichen Blüten. Die scharlach- bis braunroten, eiförmig bis kugeligen Früchte reifen im September.
Verwendung: Man verarbeitet die Früchte zu Mus, sie dienten früher auch, mit Mehl vermischt, zum Brotbacken.

Mispel

Mespilus germanica

Familie: Rosengewächse, Rosaceae
Verbreitung: An sonnigen Hängen, auf Felsen, in Hecken. Seit dem 8. Jh. in Deutschland kultiviert
Beschreibung: An dem kurzschäftigen, wenig bedornten, 5 m hohen Baum oder Strauch erscheinen Anfang Juni weiße bis rötliche Blüten einzeln an kurzen Trieben. Die sich zur Reife im Oktober bräunlich färbenden Scheinfrüchte werden oben von den Kelchblättern umgeben. Sie bleiben reif hart.
Verwendung: Die Früchte sind erst nach Frosteinwirkung oder nach längerer Lagerung genießbar und schmecken dann angenehm säuerlich. Man verarbeitet sie zu Kompott, Marmelade, Gelee und Wein.

Moosbeere

Oxycoccus palustris

Familie: Heidekrautgewächse, Ericaceae

Verbreitung: In Hoch- und Übergangsmooren im Norden im Flachland, im Süden nur im Gebirge

Beschreibung: Der Halbstrauch bildet bis 80 cm lange dünne Triebe mit ledrigen, immergrünen Blättern. An aufsteigenden Trieben entwickeln sich im Mai bis Juni seitenständig zu 1 bis 4 zusammenstehende, langgestielte, nickende, rötliche Blüten. Die saftige, kugelige Beere wird bei der Reife ab August teilweise rötlich.

Verwendung: Die wie Preiselbeeren schmeckenden Beeren sind nach Frosteinwirkung eßbar. Sie werden zu Kompott, Marmelade und zu einem Getränk (russ. Kwas) verarbeitet.

Preiselbeere, Kronsbeere

Vaccinium vitis-idaea

Familie: Heidekrautgewächse, Ericaceae

Verbreitung: Häufig in trockenen Kiefernwäldern, Hoch- und Zwischenmooren, in Zwergstrauchheiden höherer Gebirge auf sauren Böden

Beschreibung: An dem bis 30 cm hohen Kleinstrauch mit ledrig-derben Blättern bilden sich im Mai bis August weiße bis rötliche, glockige Blüten in vielblütigen Trauben. Die zuerst weißen Beeren werden bei der Reife ab August scharlachrot.

Verwendung: Die reifen Beeren eignen sich vorzüglich als Kompott, zu Konfitüre, Gelee, Sirup und Wein. Gern nimmt man Preiselbeeren für Kaltschalen, Torten oder Suppen und als Beilage zu Wildgerichten.

Rose, Hunds-, Hagebutte

Rosa canina

Familie: Rosengewächse, Rosaceae
Verbreitung: Häufig an Waldrändern, in Hecken, an Weiden und auf Ödland
Beschreibung: An dem 1,5 bis 3 m hohen Strauch erscheinen Anfang Juni die weißen bis rosa Blüten. Die roten, kugel- bis flaschenförmigen Scheinfrüchte (Hagebutten) reifen im September und bleiben im Winter am Strauch.
Verwendung: Die süßlich schmeckenden Hagebutten haben einen hohen Vitamin-C-Gehalt. Vorzüglich geeignet zu Tee (auch getrocknet), Kompott, Marmelade, Sirup sowie für Wein- und Likörbereitung. Auch gut zu Kaltschalen und Suppen. Die mit Haaren umgebenen Samen entfernen!

Sanddorn

Hippophae rhamnoides

Familie: Ölweidengewächse, Elaeagnaceae

Verbreitung: Auf sandigen oder kiesigen Böden an der Meeresküste, an Gebirgsflüssen und Eisenbahndämmen. Pionierstrauch auf Ödland

Beschreibung: An dem 2 bis 5 m hohen zweihäusigen Strauch mit sparrigen, bedornten Zweigen fallen die rotbraunen männlichen Blüten bald ab, die weiblichen stehen in einem ährigen Blütenstand. Die erbsengroßen Scheinbeeren werden bei der Reife ab September orangerot bis gelb.

Verwendung: Die säuerlich schmeckenden Früchte enthalten viel Karotin und Vitamin C. Sie werden zu Mus, Marmelade, Gelee, Saft, Sirup und Konfekt verarbeitet.

Scheinquitte, Japanische

Choenomeles speciosa (japonica)

Familie: Rosengewächse, Rosaceae
Verbreitung: Bei uns wird die aus China und Japan stammende Art meist als Zierstrauch angepflanzt, der aber auch verwildert.
Beschreibung: Der dornige Strauch wird bis 2 m hoch. Die scharlachroten oder rosa Blüten entwickeln sich im April bis Mai an der Spitze von Seitenästen. Die kugeligen Früchte sehen wie kleine Quitten aus und reifen ab September. Sie duften sehr aromatisch und bleiben lange am Strauch.
Verwendung: Man bereitet aus den Früchten Marmelade und Gelee, Quittenbrot, Most und Likör. Sie können auch kandiert werden. Der unverdünnte säuerliche Saft wird wie Zitronensaft verwendet.

Schlehe, Schwarzdorn

Prunus spinosa

Familie: Rosengewächse, Rosaceae

Verbreitung: Häufig in Hecken, an Waldrändern und in lichten Wäldern auf trockenwarmen Böden

Beschreibung: Der 1 bis 3 m hohe Strauch trägt an den Ästen scharfe Dornen. Die Blüten entwickeln sich vor Laubaustrieb im April und tauchen die Büsche in eine schneeweiße Pracht. Die im September reifenden kugeligen, blauschwarzen, sehr herben Steinfrüchte bleiben lange am Strauch.

Verwendung: Die Früchte kann man mit Zucker oder Essig oder süßsauer einkochen, zu Marmelade, Saft, Wein und Likör verarbeiten oder trocknen. Die schwarze Fruchthaut diente früher als Farbe.

Speierling

Sorbus domestica

Familie: Rosengewächse, Rosaceae

Verbreitung: Selten (nur im Süden) in lichten Buchen- und Hainbuchenwäldern, auf sonnigen Hängen, auch als Zierbaum angepflanzt

Beschreibung: An dem 15 (20) m hohen Baum mit länglich-ovalen Fiederblättchen erscheinen im Mai weiße Blüten in reichblütigen Doldenrispen. Im September reifen die rundlichen bis birnenförmigen, gelbgrünen, zum Teil rötlich bis bräunlich punktierten Früchte.

Verwendung: Die herb-sauren Früchte werden erst nach Frosteinwirkung oder überreif süßer und genießbar. Man verwendet sie für Mus, Marmelade, und sie werden Apfelwein oder -most zugesetzt.

Stachelbeere

Ribes uva-crispa

Familie: Stachelbeergewächse, Grossulariaceae

Verbreitung: Zerstreut in Auwäldern sowie anderen Laubwäldern und Gebüschen

Beschreibung: Der bis 1,50 m hohe Strauch trägt mehrteilige Stacheln. Ab März bilden sich die bis zu 3 zusammenstehenden Blüten mit glockigem, rotzipfeligem Kelch und hellgrünen bis rötlichen Kronblättern. Im Juli reifen grünlich-gelbe oder rötliche, kugelige, hängende Beeren.

Verwendung: Reife Beeren dienen als Kompott, Mus, Marmelade, Gelee, Saft und Wein. Der Genuß roher unreifer Beeren kann Koliken mit tödlicher Folge bewirken.

Traubenkirsche, Späte

Padus serotina

Familie: Rosengewächse, Rosaceae
Verbreitung: Die aus Nordamerika stammende, bei uns eingebürgerte Art besonders in trockenen Kiefernwäldern, die Gewöhnliche Traubenkirsche *(P. avium)* zerstreut in feuchten Laubwäldern und Flachmooren
Beschreibung: Die kleinen Bäume oder Sträucher werden selten bis 15 m hoch. Die weißen Blüten erscheinen im Mai bis Juni in reichblütigen Trauben. Im August bis September reifen die erbsengroßen, schwarzen Steinfrüchte.
Verwendung: Aus den bittersüßen Früchten bereitet man Kompott, Mus und Saft, oder sie dienen als Würze für alkoholische Getränke.

Vogelbeere, Eberesche

Sorbus aucuparia

Familie: Rosengewächse, Rosaceae
Verbreitung: Häufig in den Fichtenwäldern der Mittelgebirge, an Hängen, in Laubmischwäldern und Hochmooren, verbreiterter Straßenbaum
Beschreibung: An dem bis 18 m hohen Baum mit unpaarig gefiederten Blättern erscheinen Ende Mai bis Juni die in Doldenrispen stehenden Blüten. Ab August reifen die kugeligen, meist scharlachroten Früchte, die lange am Baum bleiben. Die Varietät *moravica* hat bitterstoffarme Früchte.
Verwendung: Aus den herben, roh giftigen Früchten bereitet man Kompott, Marmelade, Gelee, Saft, Likör und Essig. Sie werden auch getrocknet als Tee oder kandiert verwendet.

Wacholder, Gemeiner

Juniperus communis

Familie: Zypressengewächse, Cupressaceae

Verbreitung: Zerstreut in Heiden, auf steinigen Hängen, in lichten Kiefernwäldern

Beschreibung: Der bis 10 m hohe, säulen- bis kugelförmige Strauch oder kleine Baum trägt kurze Nadeln mit dorniger Spitze. Die männlichen Blüten sind in kleinen, gelben, kugeligen Kätzchen angeordnet, die weiblichen sehen wie Blattknospen aus. Beide erscheinen im März bis April. Im zweiten Jahr reifen im Oktober kugelige, blauschwarze Beerenzapfen, die lange hängenbleiben.

Verwendung: Die Früchte dienen als Gewürz, zur Konservierung von Fleisch und zur Branntweinbereitung.

Walnuß, Echte

Juglans regia

Familie: Walnußgewächse, Juglandaceae

Verbreitung: An warmen Stellen in Gärten und an Wiesen angepflanzt, z. T. auch verwildert. Leidet in kalten Wintern.

Beschreibung: Der 10 bis 25 m hohe Baum trägt unpaarig gefiederte Blätter. Im Mai erscheinen männliche grüne Blütenkätzchen und ährige endständige weibliche Blütenstände. Die kugelige, grüne Steinfrucht wird bei der Reife im Oktober braun und entläßt den Samen (Walnuß).

Verwendung: Die Nüsse verzehrt man roh oder benutzt sie für Obstsalate und Gebäck, industriell für Speiseöl. Unreife Nüsse dienen zur Likörbereitung.

Weißdorn, Zweigriffliger

Crataegus laevigata

Familie: Rosengewächse, Rosaceae
Verbreitung: Häufig in Hecken, lichten Laubmisch- und Kiefernwäldern
Beschreibung: Der Strauch oder kleine Baum mit bedornten Zweigen wird bis 12 m hoch. Die meist weißen Blüten stehen im Mai in 8- bis 12blütigen Doldenrispen Die Art hat 2 bis 3 Griffel, der ähnliche Eingrifflige Weißdorn *(C. monogyna)* nur 1 Griffel. Ab September reifen die eiförmigen, erbsengroßen Kernfrüchte mit mehligem Fleisch.
Verwendung: In Notzeiten mischte man die Früchte unter das Brotmehl und aß sie als Mus. Die Kerne dienten als Kaffeersatz. Die getrocknete Droge wendet man bei Herz- und Kreislaufstörungen an.

LECKERES AUS WILDFRÜCHTEN

Brombeerschnee

8 Eiweiß, 1 Prise Salz,
400 g Zucker, 2 Eßl. Kakao,
750 g Brombeeren,
Saft von ½ Zitrone.

Das Eiweiß mit 1 Prise Salz zu Schnee schlagen, nach und nach Zucker zugeben. Die Hälfte des Schnees mit Kakaopulver verrühren und in eine feuerfeste, dünn mit Butter oder Feinmargarine ausgestrichene Glasschüssel füllen. Darauf abgetropfte Brombeeren schichten, mit Eischnee bedecken, der mit Zitronensaft abgeschmeckt wurde. In der Röhre goldgelb backen.

Ebereschen-Apfel-Gelee

2 kg Äpfel,
1 kg Ebereschen,
2¼ kg Zucker,
Geliermittel.

Äpfel waschen und in kleine Stücke schneiden, nur Blüten und Stiele entfernen. Ebereschen von den Stielen abstreifen und gründlich waschen. Das Obst in ¾ Liter Wasser etwa 10 Minuten kochen, abkühlen lassen und den Saft durch ein Tuch ablaufen lassen. 1¾ Liter Saft mit dem Zucker unter Rühren einige Minuten kochen lassen, Schaum abschöpfen, Geliermittel (nach Vorschrift) zugeben und heiß in Gläser füllen.

Ebereschenkonfekt

Ebereschen nach dem ersten Frost sammeln. Die Beeren in etwas Wasser kochen und durch ein feines Sieb passieren. Mit viel klarem Zucker zu einem dicken Mus kochen, erkalten lassen. Das Mus in kleine, flache Gefäße gießen und langsam in der warmen Röhre trocknen lassen. Das süße Konfekt schmeckt gut zu Tee.

Ebereschenkwas

500 g Ebereschen, 200 g Zucker, 5 g Hefe, 2 l Wasser.

Ebereschen blanchieren, zerdrücken und 10 Minuten in Wasser kochen. Den Saft filtern, Zucker hinzufügen und abkühlen lassen. Anschließend aufgelöste Hefe hinzugeben, alles vermischen. In Flaschen füllen und gut verschließen, drei Tage kühl stellen.

Hagebuttencreme

1 Teller frische, geputzte oder getrocknete, gewässerte Hagebutten, ¼ Liter Weißwein, ¼ Liter Wasser, Zucker, 8 Eigelb, ½ Liter süße Sahne, 1 Eßlöffel Likör.

Die Hagebutten mit dem Wasser und 100 g Zucker weichkochen und durch ein Sieb streichen, dann den Wein zugeben. Das Eigelb und 2 Eßlöffel Zucker in der Sahne verquirlen, den Likör zugeben und bei schwacher Hitze zu einer dicken Creme schlagen. Die Creme mit dem Fruchtmus verrühren, bis zum Erkalten weiterschlagen und in eine Schüssel füllen.

Feinste Hagebuttenmarmelade

500 g vollreifes Hagebuttenfleisch,
400 g Zucker,
1/8 Liter Apfelsaft (oder Wasser),
1 bis 2 Spritzer Zitronensaft.

Die vollreifen Hagebutten von der Blüte befreien, halbieren, entkernen und waschen. Das Fruchtfleisch mit Wasser bedecken, weichkochen (10 bis 12 Minuten), durch ein großes Sieb, anschließend durch ein Haarsieb streichen. In 1/8 Liter Apfelsaft 400 g Zucker zum Kochen bringen und sofort die Hagebuttenmasse (Mus) hineinrühren, bis die Marmelade fast erkaltet ist. Zitronensaft zugeben und nochmals vorsichtig umrühren. Die Marmelade in vorbereitete Gläser füllen und verschließen.

Heidelbeereierkuchen

½ Liter Milch, 2 Eier,
200 g Mehl, 1 Prise Salz,
nach Belieben etwas Zucker,
Speiseöl, 300 g Heidelbeeren,
60 g Zucker.

Die Zutaten für den Eierkuchenteig gut verquirlen. In einer Pfanne Speiseöl erhitzen, 1 Schöpfkelle Eierkuchenteig hineingeben und von einer Seite backen. Auf die noch flüssige Oberseite gezuckerte Beeren geben und etwas eindrücken. Wenn die Unterseite goldgelb gebacken ist, wenden und von der anderen Seite fertigbacken.

Kalte Himbeersuppe

800 g saubere Waldhimbeeren,
180 g Weißwein, 1/2 Liter Wasser,
175 g Zucker (auch weniger),
3 Eßl. Zitronensaft.

500 g Himbeeren durch ein Sieb in eine Schüssel streichen und mit der Hälfte des Zuckers bestreuen. Den Zitronensaft und den Weißwein zugeben und diese Masse 30 bis 45 Minuten ziehen lassen (an kühler Stelle). Das Wasser mit dem restlichen Zucker etwa 5 Minuten kochen, abkühlen und anschließend über die Masse gießen sowie gut vermischen. Zuletzt die restlichen ganzen Himbeeren unter die Suppe heben und die Suppe kalt in flachen Glasschalen oder in Tassen servieren.

Himbeerspeise

400 g Waldhimbeeren, 6 Eßl. Zucker,
2 Päckchen roter Tortenguß
oder 60 g Grieß
oder 40 g Kartoffelstärke,
Zitronensaft, 2 Eiweiß.

Unter die Himbeeren 4 Eßlöffel Zucker mischen. ½ Liter Wasser zum Sieden bringen, den Tortenguß oder Grieß bzw. angerührte Stärke hinzufügen und kurz aufkochen lassen (Grieß 15 Minuten kochen). Zitronensaft zugießen, zuckern und abgekühlt, aber noch flüssig über die Himbeeren geben. Im Kühlschrank fest werden lassen. Zuletzt mit Eischnee verzieren.

Holunder
Sekt

Holundersekt

3 Dolden in der Morgensonne
geerntete Holunderblüten,
1 große Zitrone,
125 g Weinessig (5%ig),
500 g Zucker.

Die Dolden in einen Steingut- oder Tontopf legen und mit 3 l kochendem Wasser übergießen. Inzwischen in einer Schüssel den Zucker in weiteren 3 l Wasser lösen, die in Scheiben geschnittene Zitrone und den Weinessig dazugeben. Unter öfterem Umrühren das Ganze 1 Stunde ziehen lassen. In den Steinguttopf zu den Blütendolden gießen und gut umrühren. Topf zubinden und 3 Tage ins Warme stellen. Danach in Flaschen abfüllen, gut verkorken und noch 12–15 Tage stehenlassen, bis der Sekt genußfertig ist.

Alkoholgehalt ca. 0,8 Vol %.

Holunderspeise

500 g Holunderbeeren,
1 Stück Zitronenschale,
5 große Äpfel, 2,5 Eßl. Kartoffelmehl,
4 Eßl. Zucker, Saft von ½ Zitrone.

In reichlich 1 Liter Wasser die Holunderbeeren mit der Zitronenschale weichkochen und durch ein Haarsieb rühren. Die Äpfel schälen, in Stücke schneiden und kurz im Holundersaft kochen. In kaltem Wasser angerührtes Kartoffelmehl zugeben, aufwallen lassen, süßen und mit Zitronensaft abschmecken. In einer Schüssel kalt werden lassen und nach Belieben mit Eischnee verzieren.

Hopfensprossen »holländisch«

Hopfensprossen in säuerlichem Salzwasser kochen, gut abtrocknen, mit leichter holländischer Soße und etwas Zitronensaft anrichten.

Johannisbeermarmelade

2,5 kg Rote und Schwarze Johannisbeeren (1 : 1),
2,5 kg Zucker, Geliermittel.

Die Johannisbeeren waschen, entstielen, pürieren oder durch den Fleischwolf drehen, passieren, damit die Kerne zurückbleiben. Die Fruchtmasse mit dem Zucker verrühren, aufkochen lassen, das Geliermittel zufügen und noch einmal gut durchkochen. Heiß in Gläser füllen.

Kastanienauflauf

1000 g Eßkastanien, 1 Liter Milch,
100 g Butter oder Margarine,
5 Eier, 100–150 g Zucker,
1 Gläschen Weinbrand.

Die Kastanien schälen, abbrühen und die Häutchen abziehen. In der Milch weichkochen und durch ein Sieb streichen. Die Butter oder Margarine schaumig rühren, das Eigelb zufügen, die Kastanienmasse, den Zucker und den Weinbrand hineingeben und mit dem steifgeschlagenen Eischnee unterheben. Den Auflauf in eine Form geben und etwa 30 Minuten in der Röhre backen.

Kandierte Kornelkirschen

500 g Kornelkirschen,
650 g Zucker,
Staubzucker.

In ¼ Liter Wasser 300 g Zucker lösen und die Früchte darin kochen. In der Lösung abkühlen und 1 Tag stehenlassen. Nach dem Abtropfen die Flüssigkeit wieder aufkochen. 100 g Zukker zusetzen und heiß über die Früchte gießen. Dies täglich wiederholen, bis der Zucker verbraucht ist und die Lösung dick bleibt. In dieser letzten Zuckerlösung die Früchte einige Tage liegenlassen. Das Ganze erwärmen, Zuckerlösung abtropfen und die Früchte gut trocknen lassen, am besten in der Backröhre bei 45 °C. Die getrockneten Früchte in Staubzucker wälzen, geschlossen aufbewahren. Beim Verzehr stören allerdings die großen Kerne etwas. – Vorzüglich lassen sich so auch Ebereschen (Vogelbeeren) kandieren.

Kratzbeerquark

250 g Kratzbeeren,
4 Eßl. Zucker,
250 g Quark,
1/8 Liter Milch.

Die abgebrausten Beeren einzuckern und 2 Stunden Saft ziehen lassen. Den Quark mit Milch glattrühren und die gezuckerten Beeren untermischen.

Nußcreme

200 g geriebene Walnußkerne,
50 g geraspelte Haselnüsse
oder Bucheckern,
125 g Zucker, ¾ l Schlagsahne,
20 g Gelatine, 1 mittlere Zitrone.

Die geriebenen Nüsse mit Zucker und Zitronensaft vermischen. Die gelöste Gelatine und die Schlagsahne hineingeben. Die Creme gut verrührt in eine Glasschale füllen und kaltstellen, bis sie fest geworden ist. Mit Schokoladenraspeln oder -stückchen garnieren.

Preiselbeerschnitte

4 Scheiben Weißbrot,
30 g Zucker, 60 g Butter,
⅛ Liter Milch,
250 g konservierte Preiselbeeren.

Vom frischen Weißbrot die Rinde abschneiden und das Brot vorsichtig in der kalten Milch einweichen. In der heißen Butter die Weißbrotscheiben goldgelb backen und zwar so, daß sie innen möglichst noch weich bleiben. Anschließend die Schnitten mit eingelegten Beeren bestreichen und mit Zucker bestreuen. Sehr gut als Nachtisch, als Vespermahlzeit oder zum Tee.

Quittenbrot

500 g Scheinquittenfleisch,
500 g Zucker, Zimt,
abgeriebene Zitronenschale.

Die Quitten mit der Schale in Wasser weichkochen, schälen und bis zum Kerngehäuse abreiben. Dann den Zucker in kaltes Wasser geben, in einem nicht zu kleinen Topf bei geringer Hitze zergehen lassen, dabei so lange abschäumen, bis er klar geworden ist. Anschließend das Quittenfleisch, etwas Zimt sowie abgeriebene Zitronenschale zugeben und alles unter Umrühren steif kochen. Die braune Masse auf Backblechen in der etwas abgekühlten Röhre trocknen, bis das Quittenbrot so fest ist, daß man es in beliebige Stücke schneiden kann.

Sanddornsaft (naturell)

3 kg vollreife Sanddornbeeren,
2,2 kg Zucker.

Die sauberen, vollreifen Sanddornbeeren durch ein derbes Leinentuch auspressen. Danach den gewonnenen Saft mit Zucker verrühren und in Flaschen füllen. Diese luftdicht verschließen und auf 30 °C erwärmen. Bei diesem Verfahren bleiben die Vitamine und Mineralstoffe maximal erhalten. Es sollten Flaschen aus braunem Glas verwendet werden.

Sanddornsirup

1 kg vollreife Sanddornbeeren,
1,5 kg Zucker,
3 Teelöffel Zitronensaft,
¾ Liter Wasser.

Die Sanddornbeeren zerdrücken und mit ¾ Liter kochendem Wasser übergießen. Den Topf mit einer doppelten Lage Pergamentpapier fest zubinden und 24 Stunden kühl stellen. Dann abseihen und den Zucker sowie den Zitronensaft einrühren. In kleine Flaschen abfüllen und bei 70 °C pasteurisieren. Dann die Flaschen mit Gummikappen oder Korken verschließen. Man kann den Sirup auch aufkochen lassen und heiß in die Flaschen füllen, bis sie etwas überlaufen. Der Sirup wird vor Gebrauch mit Mineralwasser oder Tee verdünnt.

Schlehenlikör

500 g Schlehen,
100 g Zucker,
½ Liter Korn.

Eine Flasche dreiviertel mit Früchten füllen, Zucker zugeben und mit Alkohol auffüllen. Einige Wochen ziehen lassen, filtrieren und in eine kleine Flasche umfüllen. Erst nach einiger Zeit verwenden.

Speierlingsmus

1 kg Speierlingsfrüchte,
1 Eßl. Butter, 1 Eßl. Mehl,
1 Glas Milch, Salz.

Geschnittene Früchte mit wenig Wasser weich dünsten, passieren. Helle Einbrenne mit dem Mehl bereiten, Fruchtmus zugeben, kurz weiterkochen lassen. Dann die Milch hinzugeben und nochmals aufkochen, mit Salz abschmecken und vom Feuer nehmen.

Man kann das Mus für die Füllung von Sandwichs (zusammen mit Butter, Speck, Schinken oder Salat) oder zum Garnieren von Wild oder fettem Geflügelbraten verwenden.

Gewürzkirschen

1 kg vollreife Vogelkirschen (mit Stiel), ¼ Liter Weinessig (5%ig), 500 g Zucker, 3 bis 4 Nelken, ½ Lorbeerblatt, 1 Prise Zimt.

Die Stiele der sauberen Vogelkirschen auf etwa 2 cm Länge kürzen und mit den Gewürzen in ein Glas geben. Den Weinessig mit dem Zucker aufkochen und heiß über die Vogelkirschen gießen. Das Glas mit 2 Lagen Pergamentpapier fest verschließen und 7 Tage kühl und dunkel stellen. Dann die Flüssigkeit abgießen, erneut aufkochen, bis sie dickflüssig ist, lauwarm wieder über die Vogelkirschen geben, fest zubinden. Nach 3 bis 4 Tagen sind die Gewürzkirschen fertig.

Walderdbeerbowle

300 g frische Walderdbeeren,
250 g Zucker,
2 Flaschen Weißwein (0,7 l),
1 Flasche Mineralwasser (0,33 l).

Die Walderdbeeren leicht waschen oder besser nur abbrausen und anschließend in ein Sieb zum Abtropfen geben. In eine Schüssel über die Walderdbeeren 150 g Zucker geben, zudecken und 5 Stunden stehenlassen. Die restlichen 100 g Zucker in einem Steintopf oder einem Bowlegefäß in 2 Flaschen gutem Weißwein auflösen. Etwa 10 Stunden vor dem Servieren die Walderdbeeren mit ihrem Saft dazugeben. Leicht umrühren. 1 Stunde vor dem Auftragen Mineralwasser dazugeben und mit Zitronensaft abschmecken. Eventuell noch nachsüßen.

Waldkuß

1 große Tasse Walderdbeeren,
2 Eier, 30 g Puderzucker,
½ Päckchen Vanillinzucker,
Stärkemehl, Backpulver, Salz.

Die frischen Walderdbeeren vorsichtig waschen, verlesen und mit einer Gabel zerdrücken. Eigelb, Zucker, Vanillinzucker schaumig rühren, die zerdrückten Walderdbeeren und das mit dem Backpulver vermischte Stärkemehl hinzufügen. Das mit einer Prise Salz steifgeschlagene Eiweiß unterziehen. Die fertige Masse in gefettete Portionsförmchen füllen und in der vorgeheizten Röhre bei mittlerer Hitze fest werden lassen.

Rezeptverzeichnis

Brombeerschnee **98**
Ebereschen-Apfel-Gelee **99**
Ebereschenkonfekt **100**
Ebereschenkwas **100**
Gewürzkirschen **120**
Hagebuttencreme **101**
Hagebuttenmarmelade, feinste **102**
Heidelbeereierkuchen **103**
Himbeersuppe, kalte **104**
Himbeerspeise **105**
Holundersekt **107**
Holunderspeise **108**
Hopfensprossen, holländisch **109**
Johannisbeermarmelade **109**
Kastanienauflauf **110**
Kornelkirschen, kandierte **111**
Kratzbeerquark **112**
Nußcreme **113**
Preiselbeerschnitte **114**
Quittenbrot **115**

Sanddornsaft **116**
Sanddornsirup **117**
Schlehenlikör **118**
Speierlingsmus **119**
Walderdbeerbowle **121**
Waldkuß **122**

Verzeichnis der Wildfruchtarten

Berberis vulgaris Berberitze, Sauerdorn 15
Castanea sativa Edelkastanie, Eßkastanie 47
Cerasus avium Vogelkirsche, Süßkirsche 49
Choenomeles speciosa (japonica) Japanische Scheinquitte 79
Cornus mas Kornelkirsche 51
Corylus avellana Hasel 29
Crataegus laevigata Zweigriffliger Weißdorn 95
Crataegus monogyna Eingriffliger Weißdorn 95
Empetrum nigrum Krähenbeere 53
Fagus sylvatica Rotbuche 21
Fragaria vesca Walderdbeere 27
Hippophaē rhamnoides Sanddorn 77
Humulus lupulus Hopfen 39

Juglans regia Echte Walnuß 93
Juniperus communis Gemeiner Wacholder 91
Mahonia aquifolium Mahonie 59
Malus sylvestris Wildapfel, Holzapfel 13
Mespilus germanica Mistel 69
Morus alba Weiße Maulbeere 61
Morus nigra Schwarze Maulbeere 61
Oxycoccus macrocarpos Krannbeere, Großfrüchtige Moosbeere 55
Oxycoccus palustris Moosbeere 71
Padus avium Gewöhnliche Traubenkirsche 87
Padus serotina Späte Traubenkirsche 87
Prunus spinosa Schlehe, Schwarzdorn 81
Pyrus pyraster Wildbirne, Holzbirne 17
Quercus petraea Traubeneiche 23
Quercus robur Stieleiche 23

Ribes alpinum Alpenjohannisbeere 41
Ribes nigrum Schwarze Johannisbeere 45
Ribes rubrum Rote Johannisbeere 43
Ribes uva-crispa Stachelbeere 85
Rosa canina Hundsrose, Hagebutte 75
Rubus caesius Kratzbeere, Bereifte Brombeere 57
Rubus fruticosus Heckenbrombeere, Bastardbrombeere 19
Rubus idaeus Waldhimbeere 33
Sambucus nigra Schwarzer Holunder 35
Sambucus racemosus Traubenholunder 37
Sorbus aria Echte Mehlbeere 63
Sorbus aucuparia Vogelbeere, Eberesche 89
Sorbus chamaemespilus Zwergmehlbeere 67

Sorbus domestica Speierling 83
Sorbus intermedia Schwedische Mehlbeere 65
Sorbus torminalis Elsbeere 25
Vaccinium myrtillus Heidelbeere, Blaubeere 31
Vaccinium vitis-idaea Preiselbeere, Kronsbeere 73